U0039944

三國志
三分天下始末

Record of the Three Kingdoms
The Beginning of the Three Kingdoms Period

繪本

故事◎子魚
繪圖◎Summer

從《三國演義》裡，
我們認識了
曹操、劉備、孫權等歷史人物。
但是《三國演義》
卻不是真正的歷史，
它只是根據《三國志》
所編寫出來的歷史小說。
現在，
讓我們來認識陳壽的《三國志》，
認識他筆下寫的一代梟雄——曹操。

曹操的小名叫做阿瞞。他的父親原來名叫夏侯嵩，因為被太監曹騰收為養子才改姓曹。曹家雖然有一些權勢，但是因為出身宦官後代，還是讓人瞧不起。

曹操小時候非常機伶，
喜好行俠仗義，
卻也喜歡遊手好閒。
當他剛開始想要有一番作為的時候，
大家都不看好他，
只有當時的太尉橋玄對他說：
「天下將要大亂，
我看能安定天下的，只有你了。」

當時正處於東漢末年，
黃巾賊作亂，
朝廷任命曹操征討黃巾賊。
曹操成功的圍勦了一批亂賊。

之ⅈ後ⅸ曹ⅱ操ⅰ升ⅰ了ⅶ官ⅷ，
發ⅰ現ⅸ很ⅸ多ⅸ地ⅰ方ⅰ上ⅰ的ⅸ官ⅷ員ⅷ
喜ⅰ歡ⅸ阿ⅱ諛ⅰ賄ⅸ賂ⅸ朝ⅰ廷ⅰ官ⅷ員ⅷ，貪ⅱ贓ⅰ枉ⅰ法ⅰ。

曹操開始整肅這樣的風氣，
也懲罰了一些貪官，
讓他的名聲愈來愈好，地位也愈來愈高。

民間有黃巾賊作亂，朝廷內部也不安穩。

年僅十七歲的漢少帝即位，

由何太后聽政，太后哥哥何進掌權。

何進與中軍校尉袁紹

密謀殺掉在朝廷中亂政的宦官，

何進打算找兵力龐大的董卓來幫忙。

不料這件事提前敗露，

何進因此被殺。

之後趕到京城的董卓控制了少帝，

把他廢除，

改立當時的陳留王當上皇帝，

也就是漢獻帝，

企圖掌控東漢的政權。

15

這時京城洛陽大亂，
董卓想拉攏名氣正旺的曹操當作自己人。
可是曹操認為董卓太過殘忍，
最後一定失敗。
他連夜逃離了京城。

董ㄉㄨㄥ卓ㄓㄨㄛ立ㄌㄧ了ㄌㄜ漢ㄏㄢ獻ㄒㄧㄢ帝ㄉㄧ之ㄓ後ㄏㄡ愈ㄩ來ㄌㄞ愈ㄩ猖ㄔㄤ狂ㄎㄨㄤ，
各ㄍㄜ地ㄉㄧ群ㄑㄩㄣ雄ㄒㄩㄥ於ㄩ是ㄕ紛ㄈㄣ紛ㄈㄣ想ㄒㄧㄤ要ㄧㄠ起ㄑㄧ義ㄧ討ㄊㄠ伐ㄈㄚ董ㄉㄨㄥ卓ㄓㄨㄛ，
其ㄑㄧ中ㄓㄨㄥ以ㄧ渤ㄅㄛ海ㄏㄞ太ㄊㄞ守ㄕㄡ袁ㄩㄢ紹ㄕㄠ勢ㄕ力ㄌㄧ最ㄗㄨㄟ大ㄉㄚ，
被ㄅㄟ大ㄉㄚ家ㄐㄧㄚ推ㄊㄨㄟ舉ㄐㄩ為ㄨㄟ盟ㄇㄥ主ㄓㄨ。
曹ㄘㄠ操ㄘㄠ也ㄧㄝ帶ㄉㄞ著ㄓㄜ自ㄗ己ㄐㄧ的ㄉㄜ人ㄖㄣ馬ㄇㄚ加ㄐㄧㄚ入ㄖㄨ。

袁紹和其他人都想保存實力，不願共同作戰，最後盟軍討伐董卓失敗。但董卓還是非常緊張，趕緊把漢獻帝送到長安，並把國都設在長安。他離開洛陽前，燒毀了洛陽的宮室民宅。

朝廷內部有人看不慣董卓的作為，
於是使用計謀把董卓殺害了。
這時候曹操因為接連擊破
黃巾賊而擴大實力，
帶著軍隊來迎接獻帝。

曹操認為洛陽已經殘破不堪，
建議獻帝遷都到許昌，蓋宮殿、修宗廟。
獻帝於是封曹操為武平侯。
從此以後，
曹操挾天子以令諸侯，
開啟了屬於他的時代。

曹操因為有很好的謀略，
能夠由小而大，一路擴充自己的實力。
而在董卓死後，
在北方就以袁紹的軍力最強。
袁紹覬覦曹操的地位，決定攻打曹操。
但是曹操卻把袁紹的弱點看得很清楚，
冷靜迎敵，結果在「官渡之戰」裡，
把袁紹擊潰。

曹操還有個很特別的本領，
就是愛惜人才。
劉備早年曾經投靠曹操。
當時曹操身邊的臣子說：
「劉備雄才大略，
恐怕會與您爭奪天下，
應該殺掉。」
曹操說：
「劉備是英雄，
我應該招攬他，怎麼可以殺他？」

29

曹操收留了劉備之後，
繼續把袁紹剩餘的勢力消滅殆盡。
但是劉備也假借協助
曹操消滅袁紹餘黨的機會，
脫離了曹操的控制。

曹操掃蕩袁紹的人馬後，
終於統一了北方，
於是決定出兵南征。

這時獨立門戶的劉備，
已經和南方的孫權合作，
聯合雙方的兵力準備對抗曹操。

曹操帶著大批的兵力南下，
與劉備、孫權的聯軍在赤壁對戰。
曹操擁有壓倒性的軍力優勢。

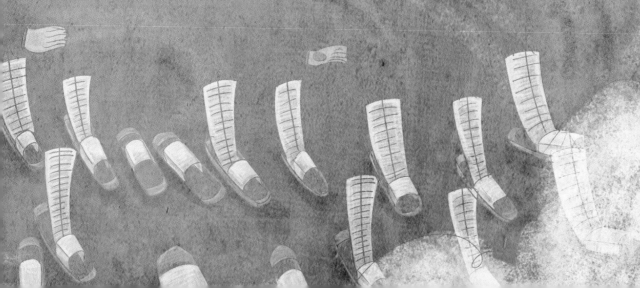

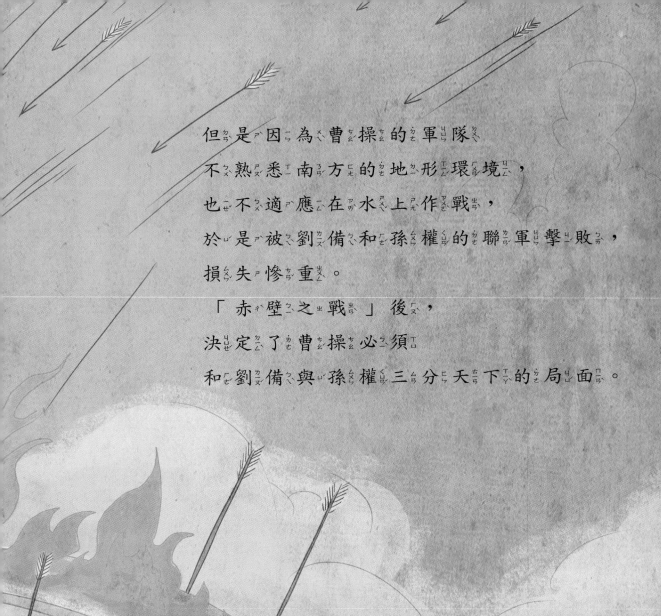

但是因為曹操的軍隊
不熟悉南方的地形環境，
也不適應在水上作戰，
於是被劉備和孫權的聯軍擊敗，
損失慘重。

「赤壁之戰」後，
決定了曹操必須
和劉備與孫權三分天下的局面。

雖然赤壁一戰打了敗仗，
但是回到北方的曹操，權
勢更高，漢獻帝甚至不得
不封他為魏公。曹操死
後，他的兒子曹丕就廢了
漢帝，建立了魏國。

魏蜀吳三國鼎立的局面，
只有短短的六十年左右，
最後被晉朝結束。
《三國志》寫的
就是這段時間的歷史。
後來膾炙人口的《三國演義》，
就是參考這部史書而寫出來的小說。

三國志
三分天下始末

讀本

原典解説 ◎子魚

以《三國志》名留千古的陳壽，少年時向誰求學？他的《三國志》是以誰的著作為基礎？又得到誰的欣賞和補充呢？

TOP PHOTO

陳壽（233～297年），字承祚，生於三國時代蜀國。西晉統一天下後，他便擔任編寫史書的官職。當時已經有人寫出魏、吳兩國的史書，但還沒有蜀國的史書，於是陳壽在前人基礎上，搜集新的材料，寫成《魏志》、《吳志》和《蜀志》，後人把它們統稱為《三國志》，到北宋時才將三本合刊。後人在他的故鄉南充蓋了萬卷樓來紀念他，左圖就是在萬卷樓前的陳壽像。

三國時代蜀國的有名學者，精研六經，通曉天文。他是陳壽少年求學的老師，和陳壽一樣也是南充人。當魏國攻打蜀國時，是他勸劉禪投降，好讓百姓免於遭受戰火的侵襲。之後魏王好幾次想賜給他官位和財富，但譙周全都拒絕了，為人敦厚正直。

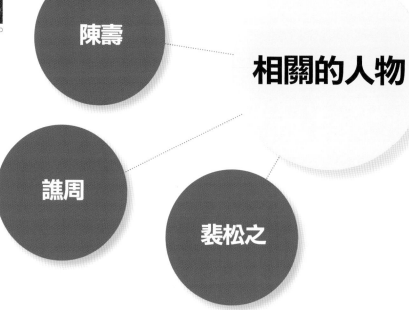

相關的人物

陳壽

譙周

裴松之

東晉南朝宋之際的史學家，南朝宋開國君主宋武帝非常賞識他，提拔他成為重要的朝廷官員。之後因為宋文帝認為陳壽的《三國志》內容說得太過簡略，所以命令裴松之為這本書作注解。他收集了一百四十幾種的材料，對《三國志》的記載進行說明、補充或辯論，使後人對三國的歷史有更多的理解。

王沈

三國時期在魏國擔任撰寫《魏書》的官職。當時魏國裡真正握有政治大權的是想篡位當皇帝的司馬昭，真正的皇帝曹髦想發動攻擊，奪回權力，於是偷偷把計畫告訴王沈，但他卻向司馬昭告密，導致計畫失敗。他寫的《魏書》也因為偏袒司馬昭，評價不是很高。

魚豢

三國時期曹魏朝代的人物，晉朝統治後不願再作官。因為對於歷史的濃厚興趣，所以自己撰寫了有關曹魏歷史的一部史書，名叫《魏略》。後來裴松之在為《三國志》作注解的時候，引用《魏略》的地方最多。

韋昭

又名韋曜，是三國時代吳國優秀的歷史學家，奉命領導其他人一起撰寫《吳書》。因為個性正直，不願討好當時的國君孫皓，所以孫皓對他懷恨在心，最後甚至下令殺了他。韋昭一生，歷經東吳四朝，是中國古代史上從事史書編纂時間最長的史學家。陳壽的《三國志》中有關《吳志》部分，多參考韋昭的《吳書》。

諸葛亮

三國時代蜀國的重要功臣，輔佐劉備，奠定蜀國的基礎。蜀國因此可以和曹、吳兩國勢均力敵，天下因此成為三國鼎立的局勢，留下了許多大家耳熟能詳的精采事蹟。陳壽在撰寫《三國志》前，曾經先寫了《蜀相諸葛亮集》，嶄露他的歷史才華。右圖為明朝〈孔明出山圖〉，描繪劉備三顧茅廬後，諸葛亮終於答應出山輔佐劉備的情景。

TOP PHOTO

45

陳壽生為蜀漢人，後來任官於西晉，儘管現實中難免有流言蜚語，但他只專注描寫在他眼前飄過的三國風雲。

263 年之前

陳壽出生於 233 年的蜀國，15 歲起開始任官，20 歲左右跟隨學者譙周就學，學識淵博，曾經擔任掌管皇家圖書的職務，但因為不願屈從於當時的掌權者宦官黃皓的威權，因此遭到貶職。

268 年之前

陳壽在父親去世不久後，自己也生了病，只能臥床讓家中婢女服侍他餵藥，也無法對前來弔問的客人們磕頭還禮。由於當時的禮俗規定，雙親逝世後必須要服喪三年，遵守相關禮節。因此大家都認為他不夠孝順，對他評價不高，好幾年沒有人肯推薦他當官。

出仕蜀漢

父喪遭議

相關的時間

任著作郎

母喪辭官

268 ～ 274 年左右

經由西晉大臣張華的推薦，陳壽在 268 年擔任佐著作郎，協助史書的撰寫。當時擔任此官職者必須寫一本「名臣傳」證明自己的能力，而陳壽在 274 年前後交出的《諸葛亮集》非常受到晉武帝欣賞，於是讓他改任「著作郎」。也大約從 274 年開始，陳壽開始進行《三國志》的撰寫工作。但之後隨著張華政治力量的衰弱，陳壽被改派出任地方官，但他以照顧年老生病的母親為理由，一直不赴任。

278 ～ 280 年

約在 278 年，陳壽又因重臣杜預的推薦，改任治書侍御史。但是他到任約兩年後，母親便過世了，他因此而辭官。他遵照母親的遺囑在洛陽下葬，沒有回到蜀地下葬，這做法卻違背當時的禮俗，而再度引起大家的議論，紛紛責備他不是孝子，使他受到極大的侮辱，不知何時能再當官。

279 年

**西晉統一**

263 年曹魏消滅了蜀國後，司馬炎在 265 年逼曹魏皇帝讓位給他，定都洛陽，成為西晉的開國君主晉武帝。但當時東南方還有吳國政權。晉武帝為了消滅吳國，先是派羊祜鎮守軍事重鎮荊州，又努力訓練水軍。準備充分後，於 279 年由杜預領軍向東吳展開強烈的進攻。終於在 280 年順利滅吳，統一中國。

賈后干政

TOP PHOTO

逝世

290 年

晉武帝於此年逝世後，由晉惠帝即位。但惠帝個性癡傻，毫無治國能力，於是皇后賈南風便趁機奪取政治實權。她先是除去和自己競爭政權的外戚楊駿，然後又巧妙運用王侯之間的不和，來剷除不利於己的政治敵人。因此引發出的八王之亂，造成十六年的內戰，使得西晉國力元氣大傷。上圖為〈賈后南風奪朝權〉，明刊本《東西晉演義》插圖。

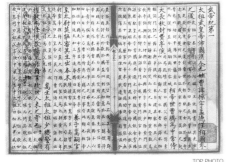

TOP PHOTO

297 年

母喪辭官許久後，朝廷才重新賦予陳壽「太子中庶子」的重要職位，但因為他已經年老病重，並未赴任。陳壽在這一年辭世。在他死後，皇帝派人到他家抄錄《三國志》，並收到皇家圖書館，使《三國志》這部精采的私人著作，成為經典的官方史書。上圖是明朝內府精抄本的《三國志》（局部）。

在風起雲湧的三國時代，這些英雄豪傑憑藉著哪些事物，為自己在千古歷史中留下青名？

諸葛亮晚年曾領軍北伐，出兵包圍祁山，但山路曲折狹窄，難以行走，軍糧運行不便，於是諸葛亮改革運車，製作木牛流馬，果然提高了軍糧在山地的運輸效率。後來裴松之對《三國志》作注解時，就拿范曄編輯的《諸葛亮集》中的〈作木牛流馬法〉補充說明它的作法。

木牛流馬

TOP PHOTO

相關的事物

戰船

《三國志》中提過幾次「蒙衝鬥艦」，最有名的一次是赤壁之戰時周瑜命令黃蓋用蒙衝鬥艦數十艘，裝載易燃物質，詐降衝入曹操水軍中，引起曹營大火。但蒙衝和鬥艦是兩種不同的戰船，蒙衝是一種狹長的小型戰船，船外包裹生牛皮以防火，可用於快速襲擊敵船。鬥艦則是一種裝備較好的戰船，在上甲板上設有戰棚，它的主要特徵是便於隱蔽士兵，又可以梯級排列，對敵人進行射箭攻擊。上圖就是鬥艦的模型，展示於北京首都博物館。

恰帽

古代士人戴的一種用縑帛製成的便帽，可用顏色來區別身分高低，是魏晉時候士人流行的穿著。據《三國志》中裴松之引用《傅子》所作的注解看來，恰帽是由曹操創造的。裴松之又引用〈曹瞞傳〉，指出曹操有時也戴著恰帽接見賓客。

蜀錦

是四川出產的一種色彩繽紛的絲織品。三國時蜀國將蜀錦視作是重要的國家資產，努力發展絲織業，在成都建立錦官城，對製作工坊和工匠進行集中管理。成都的別名因此又叫「錦城」。據《三國志》記載，蜀錦也是蜀國和魏、吳往來最重要的外交禮品。

九品中正制

又稱「九品官人法」，據《三國志》記載，是經由三國時曹魏臣子陳群推薦而實行的一種人才選拔制度。選取方法是，在各地方州郡選擇二品現任官員擔任「中正」調查官，負責調查地方人才，依照三種標準將人才分成「九品」分類做紀錄，再從地方一層層進行篩選，最後上報到中央政府，作為任命官職的依據。它取代漢朝的察舉制，成為整個魏晉南北朝的選官制度。在曹魏時的確有助於人才的使用，但到西晉時，卻都從世家大族中選取人才，造成「上品無寒門，下品無世族」的情況。

麻沸散

世界上最早的外科麻醉醫生是中國的東漢名醫華佗，「麻沸散」就是他使用的一種麻醉劑。《三國志》中記載了華佗讓病人飲用麻沸散，讓他們失去知覺，好順利進行開刀手術的治療方法。

諸葛連弩

連發弩是經諸葛亮改良的一種武器。據《三國志》記載，他改良了傳統武器「連弩」，製作出可以一次射出十支弩箭的武器，稱作元戎弩，具有強大殺傷力，後人稱為「諸葛連弩」。右圖為諸葛連弩複製品，南京博物院藏。

TOP PHOTO

陳壽生長於有「天府之國」美名的蜀地，在他的《三國志》中，當時三分天下的地景樣貌都一覽無遺。

TOP PHOTO

四川省南充市位於四川盆地中的北部，接近嘉陵江中游，是交通往來的重要地區，也以絲綢業和水果物產聞名。這裡也是陳壽的故鄉，左圖中的萬卷樓，據說是他少年讀書的地方，最初興建於蜀漢，後人為了紀念陳壽，又進行重建。

成都（今四川省成都市）是三國蜀漢的首都。蜀漢雖然國土最小，但因為蜀地擁有得天獨厚的地形優勢，易守難攻，加上他們努力發展絲織工業，物產豐富，因此能夠與其他兩國相抗衡。陳壽曾在成都擔任掌管皇家圖書的官職。

襄陽（今湖北省襄陽市）是西晉時荊州的行政中心，也是歷代軍事重地。西晉武帝為了消滅孫吳，完成統一大業，於是派大將羊祜任荊州刺史，鎮守襄陽，努力訓練軍隊之餘，也致力於改善當地民生狀況，為西晉攻打孫吳奠定良好的基礎。後來杜預也接下鎮守襄陽的任務，並進攻孫吳，終於使西晉順利統一天下。

「石頭城」指的是孫權從吳（今鎮江京口）遷都到建業，因軍事考量建築起的石頭城牆。也因此成為孫吳首都建業（今南京市）的別名。這道石頭城牆的遺址目前還座落在清涼山西側的秦淮河畔，因某段牆面上有一塊突出的橢圓形紅色岩石，像是張鬼臉，所以又被稱為「鬼臉城」。

白帝城（右圖）是指在四川省奉節縣白帝山上的一座古城，由東漢末年自稱白帝的公孫述所建。白帝山位於長江北岸，面臨瞿塘峽，四周風景壯麗。著名詩人李白、杜甫等都曾將白帝城寫入詩中。劉備晚年攻打東吳時大敗，退兵到白帝城，積憂成疾，臨終前在白帝城附近的永安宮向諸葛亮托孤，請他好好輔佐後主劉禪。至今山上仍有座「白帝廟」，但祭拜的不再是公孫述，而是三國英雄。

TOP PHOTO

白帝城

銅雀臺

據《三國志》記載，曹操曾在位於漳河北岸的鄴城建造了著名的銅雀臺。當曹操被封為魏公後，更定都於鄴城。但如今古鄴城只剩下些許遺跡，當年銅雀臺的壯麗景觀難以重見。鄴城位於河北省臨漳縣西南鄴鎮。

赤壁

劉備曾和孫權聯軍，在赤壁和曹操大戰，結果蜀、吳聯軍以少勝多，奠定了三國鼎立的局面。赤壁到底所指何處，歷來爭論不斷，目前較可信的說法是現在湖北省蒲圻縣西北的赤壁山，因當地出土了許多三國文物。至於宋朝文豪蘇東坡歌詠的赤壁磯，則位於湖北省黃岡市黃州區，人稱「黃州赤壁」。

關林

孫權殺了三國時代的蜀國英雄關羽後，把他的首級送給曹操，而曹操最後厚葬了關羽的首級，據說下葬地點就是位於洛陽市南方郊區的關林。從整體空間看來，關林前方是祠廟，後方是墓林，是中國廟、林合一的經典建築。明朝萬曆年間開始興建祠廟、種植樹林，後來清朝乾隆皇帝又進行擴建，才成為今日的規模。

曹操

　　在《三國演義》之中，我們讀到了曹操、劉備、孫權等英雄人物的故事。可是《三國演義》卻不是真正的歷史，它是羅貫中根據《三國志》編寫出來的歷史小說。例如，司徒王允運用貂蟬的美色，製造離間計，讓呂布怒殺董卓。不過歷史上並沒有貂蟬這位美女。

　　現在，我們就從認識一代梟雄曹操開始，來認識陳壽所撰寫的《三國志》。

　　曹操是東漢沛國譙縣人。父親原名叫夏侯嵩，小時候被宮廷太監中常侍曹騰收為養子，從此改姓曹。曹家雖然有些權勢與財富，但因為出身宦官後代，家族讓人瞧不起。而曹操小時候喜歡遊手好閒，常做一些令人討厭的事情。

　　曹操雖然令人討厭，但他卻很聰明，懂得計謀，並且懷有大志。東漢末年，天下大亂，他竟能靠著自己的實力打出一片天。

　　曹操長大之後，忽然開竅了。他大量閱讀書籍，尤其愛看兵法，他能文能武，非常有才華。有一個叫做許子將的人很會看相。曹操

桓帝世，曹騰為中常侍大長秋，封費亭侯。 養子嵩嗣，官至太尉，莫能審其生出本末。嵩生太祖。

—《三國志‧魏書‧武帝紀》

曾經問他：「你看我將來會怎麼樣？」許子將不回答，曹操逼他回答。許子將被逼急了，無可奈何的回答：「你啊！天下太平時是個能臣，天下大亂時是個奸雄。」

　　黃巾賊作亂之後，年輕的曹操被朝廷任命為騎都尉。驍勇善戰的他討伐潁川的盜賊立下功勞，再升任為濟南相，不久又升為東郡太守。

　　戰爭連年的時代，唯有沉著應變，洞察機先才能掌握最好的時局。當時的袁紹處於關鍵地位，最能左右局勢。但他帶兵進入皇宮，殺光作亂的宦官。曹操知道後不以為然的說：「宦官自古以來就有。太監造反，他率領軍隊進宮平亂，大可殺掉帶頭的宦官首領就好了，何必全部殺光。我看他是非敗不可。」

　　後來，曹操與袁紹對抗，曹操以寡擊眾，於官渡一役大敗袁紹。曹操之後統一了北方，同時也開創了魏國。

初，桓帝時有黃星見于楚、宋之分，遼東殷馗。善天文，言後五十歲當有真人起于梁、沛之間，其鋒不可當。至是凡五十年，而公破紹，天下莫敵矣。

——《三國志·魏書·武帝紀》

　　曹操的勢力大增，威脅到袁紹，袁紹決定率領大軍攻打曹操。他命令書記陳琳寫一封「討曹檄文」，公告天下。

　　曹操看到「討曹檄文」將自己的罪狀列出來，十分生氣；曹操又聽說袁紹率領七十萬大軍已經出動，十分吃驚。曹操連忙召集文臣武將緊急進行軍事會議，商量對策。他在許昌展開了一場是否對抗袁紹的辯論會。其實，曹操希望在戰與不戰的辯論之中得到資訊，再做最後的決定。縱使面對吃緊的軍事攻擊，曹操仍然沉著思考，聽從文臣武將的分析。名士孔融認為：「袁紹勢力大，兵多將廣，不可與他正面對決，只可乞求和平。」謀士荀彧說：「觀察袁紹的個性反覆無常，容易衝動。他不信任部將，本身又沒有謀略，一定會失敗。」

曹操想起當年袁紹殺光宦官的往事，認為正面一戰應有勝算。他說：「我了解袁紹的為人。他的野心很大，卻缺乏智慧；他氣勢威猛，卻膽小如鼠。他忌妒有才能的人，盡用一些庸才，缺少領導者的風範。袁紹驕傲，他的部將也很驕傲，驕兵必敗。」

戰場上，往往一個小小漏洞，可能造成兵敗如山倒的結局。不過曹操很能掌握戰爭時機。曹操聽說袁紹的大將韓猛，從冀州運來數千車的軍糧。他立刻派徐晃率領騎兵偷襲，燒光幾千車糧食。軍糧短缺，士兵餓著肚子根本無法打仗。兩軍在官渡對決時，曹操以三十萬兵力大敗袁紹七十萬大軍。官渡之戰奠定曹操在北方的政權。

傳說，東漢桓帝時，遼東殷馗觀察星象時曾說：「五十年後，有一真人會起兵於梁、沛之間，他的氣勢無人能擋。」果然，五十年後，曹操於官渡一役大破袁紹。這時候，他已是天下無敵了。

漢獻帝

　　東漢末年，呂布殺掉奸賊董卓之後，漢獻帝和大權落入王允手中。優柔寡斷的王允沒有將董卓的部下消滅，他反而被董卓的將領李傕發動閃電兵變給殺了。李傕本是土匪出身，根本沒有治理政治的能力。李傕挾持漢獻帝當作人質，燒皇宮、搶官舍，到處殺人放火，將長安城鬧得一塌糊塗。後來，李傕覺得挾持漢獻帝沒有什麼作用，就將皇帝放走，但不久後卻又反悔，派出軍隊追殺。

　　「渡過黃河，到河東避難吧！」宦官建議皇帝。漢獻帝經過千辛萬苦終於逃到河東。因為找不到像樣的房舍，只好暫時住在由籬笆圍起來的破房舍。早朝的時候，官員、士兵圍坐在籬笆前，你推我擠，吵吵鬧鬧，不時有人被推倒，惹來一陣哈哈大笑。大漢天子落得狼狽落魄，讓人不勝唏噓。

太祖遂至洛陽，衛京都，暹遁走。天子假太祖節鉞，
錄尚書事。洛陽殘破，董昭等勸太祖都許。

——《三國志·魏書·武帝紀》

漢獻帝在河東待了兩年，才由河內太守張楊派人迎接回洛陽。

漢獻帝回到洛陽一看，眼淚都掉下來了。皇宮被焚毀，街道房舍一片廢墟。宮裡的雜草長得比人高，到了晚上，甚至有狐狸或野狼出沒，恐怖極了。洛陽自從被董卓燒掉，百姓遷移長安之後，變得人煙稀少。由於沒有糧食生產，漢獻帝和隨從、官吏們每天都面臨著斷糧的危機。漢獻帝面對這種困境，他只有一個辦法，廣發詔書給各州刺史趕來洛陽救援。

皇帝不像皇帝，各地刺史收到詔書之後，只是「哼！」的一聲將詔書丟在地上。他們不理會漢獻帝，更不可能派人送糧食到洛陽。就在此時，漢獻帝遠遠看見有一支軍隊趕來援救，那就是兗州刺史曹操。

九月，車駕出轘轅而東，以太祖為大將軍，封武平侯。
自天子西遷，朝廷日亂，至是宗廟社稷制度始立。

──《三國志·魏書·武帝紀》

　　董卓挾持漢獻帝的時候，曹操為了討伐董卓，他撰寫了討伐董卓的檄文，以求聯合行動。各州各郡紛紛起兵響應，共有十七路人馬集合在義軍的旗幟之下。當時渤海太守袁紹勢力最強，被推為共主，曹操協助他起事。義軍發誓一定要消滅董卓，收復京師，共扶皇室，重振漢朝。

　　董卓這下可嚇壞了，他連忙燒毀洛陽，脅迫官員百姓遷都，挾持獻帝逃往長安。可惜，討伐義軍互相猜忌，各懷詭計，為保存實力，都不願真正戰鬥，最後討伐軍以失敗收場。曹操逃往許昌後，整備軍隊重新發展，軍力逐漸壯大，形成一股勢力，曹操成為兗州刺史。漢獻帝幾經輾轉回到洛陽後發出詔書，希望各州刺史能前往援救，卻都沒有得到回應。

　　「漢朝天子幾經流落，終於回到京城洛陽。皇帝現在最需

要有人扶持，雖然皇上已無實質權力，但『大漢天子』這塊招牌仍有他的作用。」謀士荀彧說。「有什麼作用？」曹操問。「挾天子以令諸侯。」荀彧又說：「只要皇帝在我們手上，我們就可以名正言順號召天下。您想想看，誰能不聽呢？」荀彧繼續說：「現在皇上需要援救，我們不但應該『救駕』，還要將皇上帶回來，為他蓋皇宮，修宗廟，我們要名正言順扶正漢室。」曹操想想也對，「天子」這是一張最有效的王牌，擁有天子就可以號令天下了。

　　曹操親自率領軍隊前往洛陽「護駕」。漢獻帝看到曹操前來援救，感動得不得了。「皇上，臣罪該萬死，救駕來遲。」曹操跪在地上。「你願意前來救助，我就很感謝了，怎會怪罪？」漢獻帝扶起曹操。曹操趁機說服獻帝：「皇宮已經燒毀，洛陽破敗不已，皇上不如就到許昌來。臣為您蓋宮殿，修宗廟，一切遵照皇室禮儀來做。」漢獻帝苦笑的點點頭，他不能說什麼，只能任由曹操擺布。皇上的內心十分痛苦，卻很無奈。

　　從此以後，曹操「挾天子以令諸侯」真正啟動了他的野心。

劉備

　　呂布揮兵攻打劉備，取得了下邳。劉備勢單力薄，狼狽的前來投靠曹操。曹操的謀士程昱警告說：「我觀察劉備相貌堂堂，胸懷大志，恐怕會是主公將來最大的勁敵。他具有仁愛之心，又注重信義。他是漢室後裔，不但深得人心，還能號召天下人民。我建議主公應該立刻將他殺掉，否則將來會是您最大的憂患。」「哦！是嗎？」曹操想了一下：「但劉備是真正的英雄，我應該收攏他，怎麼可以殺他？殺一人而失去天下人的信任，不可以！」曹操拒絕了。可是疑心病重的曹操其實仍不放心。他想要測試一下劉備，傳令要劉備到府裡陪他吃晚餐。

　　劉備聽到曹操請他到府中一聚，很清楚此去無非就是曹操要測試他，恐怕凶多吉少。曹操請劉備喝酒。幾杯黃湯下肚，他趁機探一探劉備是否有稱霸天下的野心。曹操說：「你說說看，當今天下的英雄是誰？」劉備聽出玄機，鎮定的緩緩說出：「是淮南的袁術嗎？」「不是，他優柔寡斷，我早晚會殺他。」曹操笑笑說。劉備

呂布襲劉備，取下邳。備來奔。程昱說公曰：「觀劉備有雄才而甚得眾心，終不為人下，不如早圖之。」

——《三國志‧魏書‧武帝紀》

又說：「那真英雄當屬河北袁紹。」「哼！他表面看似強大，卻是虛有其表的膽小鬼，他注定要失敗。」「江東領袖孫策是英雄吧！」「哈哈哈！血氣方剛的孫策，只會誤事。」「漢家宗室的劉璋稱得上是英雄吧！」劉備再說出一個名字。「劉璋只是看門狗，他不是英雄。」曹操不屑的搖手，根本不放在眼裡。劉備故意裝作不知道的反問曹操：「那您認為誰是當今天下英雄呢？」曹操用手指頭指著自己，再指向劉備：「當得起英雄的人，當今天下就只有你和我呀！」劉備大吃一驚，嚇得手中的筷子都掉到地上。此時，剛好雷聲大作，下起豪雨。「只不過打一聲雷，我就嚇得筷子掉到地上，我怎能當英雄呢！」劉備強作鎮定說著，其實他的心裡怕得要命。

　　曹操觀察劉備的行為，忍不住哈哈大笑，也就化解心中疑慮。劉備的機智，為自己化解了一場可能的殺身之禍。

公曰：「夫劉備，人傑也，今不擊，必為後患。 袁紹雖有大志，而見事遲，必不動也。」郭嘉亦勸公，遂東擊備，破之。 ——《三國志·魏書·武帝紀》

官渡大戰之後，劉備抓到一個機會，帶著關羽和張飛逃離曹操，重返徐州。劉備以為只要一段時間的建軍整備，很快就會壯大起來。曹操得知劉備正在招募軍隊，才想起程昱的警告：「劉備能沉穩忍耐，不動聲色，果然是英雄。今天不擊敗他，會是將來的禍患。」曹操於是派了大軍很快的攻入徐州，劉備軍力薄弱吃了敗仗，迫使他展開逃亡，來到荊州，投靠劉表。

荊州的地勢險要，是兵家必爭之地。曹操知道劉備逃亡荊州，馬上發兵攻打。劉表軟弱無能，只敢按兵不動，不敢出兵對抗。沒多久，劉表死了，他的兒子劉琮繼任。曹操十萬大軍抵達荊州，劉琮比劉表更軟弱。看見黑壓壓的軍隊，陣仗驚人，嚇得連忙投降。曹操不費一兵一卒就這樣取得荊

州。投靠荊州的劉備，不得已只好帶著自己的部隊繼續逃亡。

　　曹操以前在徐州殺了不少百姓，手段非常殘酷。劉備深具仁愛，荊州百姓都說要跟著劉備走。將領苦勸劉備：「您帶著難民，行軍速度十分緩慢。曹操的軍隊很快就會追上，請主公暫時拋棄百姓吧！」劉備嘆了一口氣說：「老百姓信任我，才願意跟我走，我怎麼可以拋棄他們呢？」

　　曹操聽說劉備又逃走了，氣得急忙親自帶領五千騎兵追趕，一天一夜就追上了。曹操追殺到來，劉備無招架之力，完全潰敗，十萬百姓全成了俘虜。情況十分危急，劉備在逃經長坂坡時，張飛壓陣在後，此時曹軍已經追上，只見張飛突然手拿蛇矛，橫眉豎目的騎在馬上大吼：「我乃張飛，誰敢跟我一決死戰？」曹操一看十分驚訝，他看著張飛的氣勢，深嘆說：「我怎麼沒有這樣的猛將啊！」

　　這一怒吼嚇得曹操兵馬人仰馬翻，不敢前進。靠著張飛的勇猛，劉備才得以順利逃脫，退到夏口，等待機會。

孫權

　　劉備被曹操打得落花流水，還險在長坂坡被俘，他失去荊州之後，退到夏口。在江東的孫權，聽說荊州的劉表去世，特派謀士魯肅前去祭拜，正好遇到劉備。「曹操打敗我之後，恐將集結大軍南下。接下來的目標將會是東吳，你回去告訴孫權，曹操軍力強大，看是要和曹操對抗，還是要投降，儘早準備。」劉備告訴魯肅。魯肅反而告訴劉備：「我也知道曹操的兵馬將要打過來。主公孫權擁有江東六郡，部隊精良善戰，糧食也十分充足，你不妨派諸葛亮前去結盟，主張力抗曹操，或許我們還有機會打一場勝仗。」

　　在江東，孫權剛好接到曹操的挑戰書：「我最近南征，荊州劉琮還沒打就投降了，劉備一接觸就大敗了。我率領八十萬大軍，想要與你較量較量，你看如何？不然就乾脆投降。」孫權看了信之後非常生氣，但他不動聲色，將信交給謀士傳看。

　　長史張昭發抖的說：「曹操『挾天子令諸侯』，以天子之名出師，可說是名正言順。他的兵力強大，占盡優勢，

十二月，孫權為備攻合肥。公自江陵征
備，至巴丘，遣張憙救合肥。權聞憙至，
乃走。——《三國志·魏書·武帝紀》

我們哪裡是對手，投降算了。」大家都十分害怕，
紛紛贊成投降。只有魯肅緊閉嘴巴不說話。私底下，
魯肅跟孫權分析天下局勢，說明投降之後，東吳等
於被消滅，這怎麼對得起父兄打下的基礎？孫權原本就想主戰，在
魯肅勸說之下，心中有了定見。

諸葛亮來到東吳勸孫權與曹操一戰。他也指出曹操軍隊都是北
方人，不善水戰，只要善加利用優勢，勝算的機會大增。諸葛亮更
使用激將法，迫使孫權非戰不可。孫權決定放手一搏，他急著找都
督周瑜商量。周瑜的看法和諸葛亮的分析一模一樣，他拍著胸膛對
孫權說：「曹操根本是來送死的。」孫權信心大增，決定選在赤壁
對決。他對那些只想投降的人厭惡極了，孫權抽出佩刀，朝桌子一
砍，桌子應聲裂成兩半。他大聲說：「誰再勸我投降曹操，誰就像
這張桌子。」

公至赤壁，與備戰，不利。於是大疫，吏士多死者，乃引軍還。備遂有荊州、江南諸郡。

——《三國志·魏書·武帝紀》

　　曹操率領大批艦隊，浩浩蕩蕩順著長江而下，在赤壁與周瑜的水師遭遇。雙方艦隊一接觸，曹操的兵艦立即吃了敗仗。曹操遠遠觀看，心急得不得了。他查明戰敗的原因，原來北方士兵擅長陸戰，不曾打過水仗。他們不習慣坐船，長江浪濤起起伏伏，船艦顛簸不已，軍士都在暈船，哪來力氣打仗？曹操想到一個方法，他傳令將所有的戰艦以鐵鍊相連，上面再鋪上寬木板。兵艦相連看起來像陸地，不但可以行人，連馬都可以在甲板上行走。遠遠看，船艦更龐大，氣勢更驚人。曹操非常得意，率領文武百官在甲板上飲酒作樂。他舉杯將酒灑入江中，感慨的說：「從我起兵以來，消滅袁術，打敗袁紹，迫使劉琮投降，現在只要在赤壁大敗孫權，我就可以統一天下了。」

周瑜見到曹操的軍容，內心十分憂慮：「各位將軍，你們可有破敵的戰術？」「曹操的兵艦用鐵鍊相連，最好的戰術就是火攻。」大將黃蓋建議說。「火攻，這真是妙計。」周瑜擊掌叫好，隨即又擔心起來：「現在是冬天，刮著西北風，火攻恐怕會傷到自己的船艦。」「但每到冬天，總會有幾天吹起西南風。督都，我們只要掌握天氣，抓住時機，火攻一定可以徹底消滅曹軍。」黃蓋還建議周瑜用詐降的辦法，讓曹操鬆懈防禦。

建安十三年冬天，還在刮著西北風的日子，忽然吹起西南風。周瑜驚喜叫著：「機不可失。」黃蓋率領二十條船艦，乘著風飛快的朝曹軍艦隊前進。曹操看到黃蓋前來投降，高興的說：「吹西南風，黃蓋帶著船隊過來。他還真會挑日子投降。」當黃蓋的船艦快要逼近曹操的艦隊時，站在船頭的黃蓋舉手做出信號，瞬間，二十條船艦統統變成火船，直往曹軍衝撞。「這怎麼回事？」曹操又急又怒大叫：「快解開鐵鍊！」但一切都來不及了，龐大的艦隊一下子陷入火海。周瑜和劉備趕來支援，船上射出的火箭，趁著風勢不斷射入曹軍之中。曹操幾十萬軍隊全部葬身火海之中。

幾乎全軍覆沒的曹操，帶著殘餘部隊狼狽的從華容道逃走。從此以後，他再也不敢揮軍南下。

「赤壁之戰」奠定了魏國、蜀漢、東吳三國鼎立的局面。

當三國志的朋友

奇怪，這裡的故事不就是《三國演義》嗎？可是好像又有哪裡不一樣？的確，因為這本是記錄著三國時期歷史的史書 ── 《三國志》，而小説《三國演義》正是以本書當作依據，所創作出來的故事。

自從皇室的親戚開始亂政，加上宮廷中的宦官也相繼插手朝廷事務，東漢王朝開始走下坡，民亂四起，連帶著使軍閥勢力崛起。為了搶奪皇帝的寶座與統治權的正統性，各個擁兵自重的人，莫不累積實力並且摩拳擦掌，希望自己能成為統一天下的大帝王。這樣紛亂的時代，隱隱然有三股勢力慢慢的聚集、對立、抗衡。

這三股勢力分別是曹操、孫權、劉備。因為曹操的權謀，讓他得以在衰弱的東漢王朝中撐起一片天，建立了曹魏政權；而孫權的吳國與劉備蜀國的結盟，與曹操抗衡，造就了三國鼎立的局面。雖然《三國志》裡少了小説所虛構出生動的軍閥對決場面，但是卻比小説多了更多歷史細節，呈現出更逼真的歷史場景。

最後由曹魏政權下的大臣篡奪了皇位，建立了西晉，相繼消滅了蜀國與吳國，再度統一了天下。然而將近百年的分裂動盪與戰亂，讓國土與人民已經疲憊，亟需休養生息與重建。

若是你願意當《三國志》的朋友，看到這段歷史的風起雲湧，你會更明白歷史的興替，了解權力鬥爭所帶來的災禍。你也會知道，三國時期每個崛起的武將，各個背後都有他們的過人之處。但是無論如何，這些爭奪，都是從人民的身上走過去的歷史痕跡。

我是大導演

看完了三國志的故事之後，
現在換你當導演。
請利用紅圈裡面的主題（爭權），
參考白圈裡的例子（例如：軍隊），
發揮你的聯想力，
在剩下的三個白圈中填入相關的詞語，
並利用這些詞語畫出一幅圖。

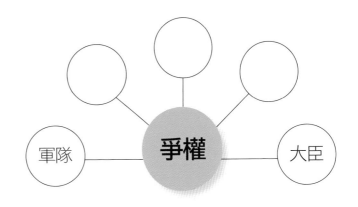

◎ 少年是人生開始的階段。因此，少年也是人生最適合閱讀經典的時候。

　　因為，這個時候讀經典，可以為將來的人生旅程準備豐厚的資糧。

　　因為，這個時候讀經典，可以用輕鬆的心情探索其中壯麗的天地。

◎ 【經典少年遊】，每一種書，都包括兩個部分：「繪本」和「讀本」。

　　繪本在前，是感性的、圖像的，透過動人的故事，來描述這本經典最核心的精神。

　　小學低年級的孩子，自己就可以閱讀。

　　讀本在後，是理性的、文字的，透過對原典的分析與說明，讓讀者掌握這本經典最珍貴的知識。

　　小學生可以自己閱讀，或者，也適合由家長陪讀，提供輔助說明。

001 左傳　春秋時代的歷史
The Chronicle of Tso: The History of the Spring and Autumn Period
故事／林安德　原典解說／林安德　繪圖／柳俏

三公交會，引發了什麼樣的政治危機？兩個謀士互相鬥智，又造就了一段什麼樣的歷史故事？那是一個相互兼併與征伐的時代，同時也是個能言謀士輩出的時代。那些鬥爭與辯論，全都刻畫在《左傳》中。

002 史記　史家的絕唱
Records of the Grand Historian: The Pinnacle of Chinese Historiography
故事／林怡君　原典解說／林怡君　繪圖／袁靜

李廣「飛將軍」面對匈奴大軍毫無懼色，為漢朝立下許多戰功，卻未能獲得相稱的爵位，最後抱憾而終。從黃帝到漢武帝，不論是帝王將相、商賈名流，貫穿三千多年的歷史，《史記》成為千古傳頌的史家絕唱。

003 漢書　中原與四方的交流
Book of Han: Han Dynasty and its Neighbors
故事／王宇清　原典解說／王宇清　繪圖／李遠聰

張騫出使西域，不僅為漢朝捎來了塞外的消息，也傳遞了彼此的物產與文化，開拓一條史無前例的通道，成就一趟偉大的冒險。他的西域見聞，都記錄在《漢書》中，讓大家看見了草原與大漠，竟然是如此豐富美麗！

004 列女傳　儒家女性的代表
Kao-tsu of Han: The First Peasant Emperor
故事／林怡君　故事／林怡君　繪圖／楊小婷

她以身作則教孩子懂得禮法，這位偉大的母親就是魯季敬姜。不僅連孔子都多次讚譽她的美德，《列女傳》更記錄下她美好的德行，供後世永流傳。《列女傳》收集了中國歷代名女人的故事，呈現不同的女性風範。

005 後漢書　由盛轉衰的東漢
Book of Later Han: The Rise and Fall of Eastern Han
故事／王蕙瑄　原典解說／王蕙瑄　繪圖／李莎莎

《後漢書》記錄了東漢衰敗的過程：年幼的皇帝即位，而外戚掌握實權。等到皇帝長大了，便聯合身邊最信任的宦官，奪回權力。漢桓帝不相信身邊的大臣，卻事事聽從甜言蜜語的宦官，造成了嚴重的「黨錮之禍」。

006 三國志　三分天下始末
Record of the Three Kingdoms: The Beginning of the Three Kingdoms Period
故事／子魚　原典解說／子魚　繪圖／Summer

曹操崛起，一統天下的野心，卻在赤壁遭受挫折，僅能雄霸北方，留下三國鼎立的遺憾。江山流轉，近百年的分裂也終將結束，西晉一統三國，三國的分合，盡在《三國志》。

007 新五代史　享樂亂政的五代
New History of the Five Dynasties: The Age of Chaos and Extravagance
故事／呂淑敏　原典解說／呂淑敏　繪圖／王韶薇

李存勗驍勇善戰，建立後唐，史稱後唐莊宗。只是他上任後就完全懈怠，和伶官一起唱戲作曲，過著逍遙生活。看歐陽修在《新五代史》中，如何重現後唐莊宗從勤奮到荒唐的過程。

008 資治通鑑　帝王的教科書
Comprehensive Mirror for Aid in Government: The Guidance for Emperors
故事／子魚　原典解說／子魚　繪圖／傅馨逸

唐太宗開啟了唐朝的黃金時期。從玄武門之變到貞觀之治，這條君主之路，悉數收錄在《資治通鑑》中。翻開《資治通鑑》，各朝各代的明君賢臣、良政苛政，皆蒐羅其中，成為帝王治世不可不讀的教科書。

◎ 【經典少年遊】，我們先出版一百種中國經典，共分八個主題系列：
　　詩詞曲、思想與哲學、小說與故事、人物傳記、歷史、探險與地理、生活與素養、科技。
　　每一個主題系列，都按時間順序來選擇代表性的經典書種。

◎ 每一個主題系列，我們都邀請相關的專家學者擔任編輯顧問，提供從選題到內容的建議與指導。
　　我們希望：孩子讀完一個系列，可以掌握這個主題的完整體系。讀完八個不同主題的系列，
　　可以不但對中國文化有多面向的認識，更可以體會跨界閱讀的樂趣，享受知識跨界激盪的樂趣。

◎ 如果說，歷史累積下來的經典形成了壯麗的山河，那麼【經典少年遊】就是希望我們每個人
　　都趁著年少，探索四面八方，拓展眼界，體會山河之美，建構自己的知識體系。
　　少年需要遊經典。
　　經典需要少年遊。

009 蒙古秘史　統一蒙古的成吉思汗
The Secret History of the Mongols: The Emergence of Genghis Khan
故事／姜子安　原典解說／姜子安　繪圖／李菁菁

北方的草原，一望無際，游牧民族在這裡停留又離去。成吉思汗在這裡
出生成長，統一各部族，開創蒙古帝國。《蒙古秘史》說出了成吉思汗
的一生，也讓我們看到了這片草原上的故事。

010 臺灣通史　開闢臺灣的先民足跡
A General History of Taiwan: Footprints of the First Pioneers
故事／趙予彤　原典解說／趙予彤　繪圖／周庭萱

《臺灣通史》，記錄了原住民狩獵山林，還有荷蘭人傳教通商，當然還
有漢人開荒闢地的故事。鄭成功在臺灣建立堡壘，作為根據地。雖然他
反清復明的心願無法實現，卻讓許多人在這裡創造屬於自己家園。

經典
少年遊

youth.classicsnow.net

006
三國志 三分天下始末
Record of the Three Kingdoms
The Beginning of the Three Kingdoms Period

編輯顧問（姓名筆劃序）
王安憶　王汎森　江曉原　李歐梵　郝譽翔　陳平原
張隆溪　張臨生　葉嘉瑩　葛兆光　葛劍雄　鄭培凱

故事：子魚
原典解說：子魚
繪圖：Summer
人時事地：李佩璇

編輯：張瑜珊 張瓊文 鄧芳喬
美術設計：張士勇
美術編輯：顏一立
校對：陳佩伶

企畫：網路與書股份有限公司
出版者：大塊文化出版股份有限公司
台北市10550南京東路四段25號11樓
www.locuspublishing.com
讀者服務專線：0800-006689
TEL：+886-2-87123898
FAX：+886-2-87123897
郵撥帳號：18955675
戶名：大塊文化出版股份有限公司
法律顧問：全理法律事務所董安丹律師

總經銷：大和書報圖書股份有限公司
地址：新北市新莊區五工五路2號
TEL：+886-2-8990-2588
FAX：+886-2-2290-1658
製版：沈氏藝術印刷股份有限公司

初版一刷：2013年5月
定價：新台幣299元

版權所有　翻印必究
Printed in Taiwan
ISBN：978-986-213-385-9